FastGood®
Cuisine

Fast Good Cuisine®

LES RECETTES RAPIDES SIMPLES ET SAINES

Charles Gilles-Compagnon

Photographies : Sandra Mahut

Michel Lafon

Photographies : Sandra Mahut
sauf pages 13 et 14 : Louise Gilles-Compagnon

Direction éditoriale : Elsa Lafon
Édition : Édiclic
Conception graphique : Violette Benilan pour Édiclic
Exécution graphique : Christelle et Bertrand Defretin pour Édiclic

118, avenue Achille-Peretti – CS 70024
92521 Neuilly-sur-Seine Cedex

www.lire-en-serie.com

Dépôt légal : octobre 2016
ISBN : 978-2-7499-3105-0
LAF 2290

INTRODUCTION

Depuis que je suis tout petit, la gastronomie a toujours eu une grande place pour moi… photo ci-dessus à l'appui !

J'ai donc naturellement orienté mes études vers ce domaine, au lycée hôtelier pendant 3 ans puis en suivant un BTS hôtellerie-restauration.

Et puis ce sont mes amis qui m'ont fait sauter le pas : étudiants loin des bons petits plats de maman, ils m'appelaient très souvent pour me demander des conseils. C'est ainsi que j'ai eu l'idée de créer une chaîne YouTube sur laquelle chacun d'eux pourrait suivre mes recettes en vidéo et les reproduire facilement.

FastGood Cuisine a débuté le 2 septembre 2012 avec la mise en ligne de ma toute première vidéo. Depuis, la chaîne compte plusieurs centaines de vidéos et nous avons dépassé le million de followers !

Je m'inspire de la cuisine de rue, des fast-foods, de la cuisine étrangère, notamment américaine. Je prends énormément de plaisir à rechercher la prochaine recette à partager, à monter mes vidéos et à échanger avec mes followers autour des recettes.

J'espère que vous aurez autant de plaisir à réaliser ces recettes que j'en ai eu à faire ce livre !

CHARLES

SOMMAIRE

Toute l'année !

Gourmandises

Saveurs d'enfance

Healthy

RENCONTRE AVEC CHARLES

Charles, tu es le premier YouTuber Cuisine à atteindre la barre symbolique du million d'abonnés… Comment expliques-tu ce succès ?

Effectivement 1 million d'abonnés c'est de la folie, et j'ai du mal à expliquer un tel succès. Je pense que le fait d'écouter mes abonnés, de me remettre continuellement en question a beaucoup aidé pour franchir ce cap-là.

À ce jour quel est ton plus gros succès en termes d'audience ?

Sans hésitation la recette du bonbon XXL au Coca-Cola, plus de 7 millions de vues. 1 français sur 10 a vu cette vidéo : c'est fou !

T'inspires-tu souvent de ce qui se fait aux U.S.A. ?

J'aime bien la culture américaine. Il y a énormément de chaînes ou de blogs de cuisine, donc c'est une bonne source d'inspiration. Il est utile de regarder ce qui existe déjà et de s'en inspirer, mais il faut aussi faire attention à ne pas copier ce qui a été fait récemment pour ne pas être une chaîne « suiveuse ».

Comment décrirais-tu le positionnement de ta chaîne ?

C'est une chaîne de cuisine avant tout, avec un positionnement « cuisiner simplement et rapidement ». Je choisis d'ailleurs mes recettes selon 3 critères : c'est rapide, c'est bon et c'est facile, avec peu d'ingrédients et des vidéos courtes. La chaîne n'a pas vocation à montrer la réalisation d'un bœuf bourguignon digne d'un grand chef, mais plutôt comment faire un bon wrap en 3 minutes pour moins de 1 €.

Même si mes abonnés m'ont demandé de rallonger un peu mes vidéos, je reste sur un format de 5 à 6 minutes avec toujours ce souci de simplicité et de proximité.

Comment choisis-tu les recettes à partager ?

Principalement, je demande à mes abonnés en faisant des propositions sur mes réseaux sociaux. En fonction des retours je partage la recette.

Parfois j'ai des coups de cœur personnels que je partage car je me dis : « Tiens, ça ils vont adorer ».

Quels sont les conseils que tu donnerais à des *YouTubers* qui aimeraient se lancer dans la cuisine ?

Avoir de bonnes bases en cuisine est bien sûr un atout. Pour ma part j'ai fait 5 ans d'études en hôtellerie-restauration et j'ai travaillé dans plusieurs restaurants.

Il faut aussi trouver son identité pour se différencier et apporter quelque chose de nouveau. Ensuite il faut des notions de montage, une bonne qualité dans l'image et le scénario. Cela se travaille : il faut vraiment essayer d'être aussi pro que possible dès le début.

Le choix des recettes aussi est primordial : savoir qui est sa cible et ce qui va lui plaire.

Il ne faut pas oublier de bien relayer ses vidéos sur les autres réseaux sociaux (Twitter, Instagram, Facebook…) et être régulier dans la publication des vidéos.

Quelle est ta recette préférée ?

J'ai plutôt un type de recettes préféré : ce sont les recettes saines à manger sur le pouce, d'ici ou d'ailleurs. La meilleure façon de découvrir les saveurs d'un pays, c'est de manger dans la rue. Même si je respecte la cuisine sophistiquée bien sûr, ce que je préfère, c'est la street-food. Et ce n'est pas antinomique avec la nourriture saine !

Comment parviens-tu à allier street-food et fitness ? Deux univers au départ plutôt opposés, non ?

Avec le temps j'ai appris que les deux sont compatibles, il faut juste réguler en se fixant des limites. Il y a aussi des alternatives qui permettent de manger street-food et que ce soit adapté au fitness. Par exemple la cuisine indienne, souvent à base de poulet.

Quel message veux-tu donner avec *FastGood Cuisine* ?

Avec ma chaîne je veux sensibiliser sur le fait que cuisiner soi-même est super important : il vaut mieux manger un burger maison qu'un plat cuisiné « diet ». Je suis pour l'utilisation de bons produits sans additifs, ni colorants. Les gens savent de moins en moins cuisiner : je veux montrer grâce à ma chaîne que l'on peut cuisiner simplement, et cela peut même être super bon !

L'apéro

Fast Good Cuisine

Jour 2

PRÉPARATION : 10 MIN
CUISSON : 5 MIN

ONION RINGS

C'est à l'occasion de mon voyage à New York que j'ai découvert cette délicieuse recette d'onion rings. Il fallait que je la propose sur ma chaîne YouTube : un vrai régal à l'apéro !

LES INGRÉDIENTS

1 OU 2 OIGNON(S)
100 G DE FARINE
5 G DE LEVURE CHIMIQUE
1 ŒUF
2 CUIL. À SOUPE D'HUILE
10 CL DE BIÈRE OU D'EAU PÉTILLANTE
HUILE DE FRITURE
SEL, POIVRE

1. Épluchez l'oignon et coupez-le en rondelles.
2. Mélangez la farine et la levure dans un saladier. Ajoutez l'œuf et l'huile, salez et poivrez. Incorporez ensuite la bière ou l'eau pétillante bien froide petit à petit.
3. Chauffez un bain d'huile de friture dans une grande casserole. Trempez les rondelles d'oignon dans la pâte à beignets, puis plongez-les dans l'huile chaude. Faites-les frire 4 à 5 min.
4. Récupérez les onion rings à l'aide d'une écumoire et égouttez-les sur du papier absorbant.

Raphaëlle
« Je l'ai faite et j'ai rajouté du paprika. Mes invités ont adoré ! »

Steven Goujat
« J'ai essayé de faire la recette avec seulement de la bière, sans aucun autre ingrédient, eh bien c'était super ;) »

Ratou
« Je me suis fait mal aux yeux avec les oignons mais ça valait le coup ! Trop bon ! »

HEINZ
TOMATO KETCHUP

POUR 2

PRÉPARATION : 10 MIN
CUISSON : 5 MIN

BRUSCHETTAS

Idéales pour l'été, les bruschettas, grand classique des antipastis italiens, égayent vos apéros. Et si vous souhaitez être encore plus gourmand, n'hésitez pas à rajouter parmesan, légumes, jambon de pays, olives…

LES INGRÉDIENTS

- 1 GOUSSE D'AIL
- 15 FEUILLES DE BASILIC FRAIS
- 4 GROSSES TOMATES (TYPE CŒUR-DE-BŒUF)
- 1/2 CUIL. À CAFÉ DE SEL
- 1 CUIL. À CAFÉ DE THYM SÉCHÉ
- 4 OU 5 CUIL. À CAFÉ D'HUILE D'OLIVE VIERGE EXTRA
- PAIN (CIABATTA, DE CAMPAGNE OU EN BAGUETTE)

1. Pelez l'ail, retirez le germe et hâchez-le finement. Lavez, séchez, puis hachez également le basilic.
2. Coupez les tomates en deux et ôtez les pépins. Taillez ensuite la chair en très petits dés et mettez-la dans un saladier.
3. Ajoutez l'ail, puis le sel, le basilic, le thym et l'huile d'olive. Mélangez bien.
4. Coupez le pain en tranches et toastez-les. Garnissez le pain grillé de tomates aromatisées. Vous pouvez aussi ajouter des copeaux de parmesan.

L'astuce
Après avoir toasté le pain, on peut le frotter avec de l'ail.

Pierre Raynaud
« Le pain grillé peut aussi être frotté à la tomate. Il faut laisser la pulpe dessus et rajouter de l'huile d'olive. »

NinaRVermeille
« Merci ! Superbe recette ! »

Pour 2

SUCETTES AU PARMESAN

PRÉPARATION : 10 MIN
CUISSON : 5 MIN

Voilà une recette que m'a apprise ma mère. J'adore servir ces sucettes au parmesan lors des apéros : effet garanti !

LES INGRÉDIENTS

100 G DE COMTÉ
100 G DE PARMESAN

LES USTENSILES

PIQUES À BROCHETTE

1. Préchauffez le four à 180 °C (th. 6). Râpez les fromages et mélangez-les dans un bol.
2. Déposez des petits tas de fromage sur une plaque de cuisson tapissée de papier sulfurisé (gardez-en un petit peu de côté pour plus tard). Aplatissez-les en leur donnant une forme ronde.
3. Déposez une pique à brochette au centre de chaque tas de fromage, puis recouvrez-les d'un peu de fromage pour qu'elles tiennent bien après cuisson.
4. Enfournez pour environ 5 min de cuisson. Le fromage doit fondre mais surtout ne pas griller. Laissez les sucettes refroidir quelques minutes à la sortie du four, puis décollez-les délicatement à l'aide d'une spatule.

L'astuce
Avec des graines de sésame ou de pavot, du curry ou du paprika, c'est plus joli et encore meilleur !

Baumgarth Fabiola
« Ça a l'air super bon. C'est original et c'est sympa niveau présentation ! »

Alfrion
« J'en fais aussi mais en tuiles : je dépose les tas de fromage sur un rouleau à patisserie pour qu'ils prennent la forme en durcissant. Ca y est, vous avez des tuiles au fromage ! »

Jour 2

PRÉPARATION : 15 MIN
CUISSON : 10 MIN

MINIWRAPS AU CHORIZO

Pour l'apéro ou en sandwich, le wrap est devenu vraiment tendance. Avec lui, tout est possible ! Mon préféré : ce wrap au chorizo qui remporte la palme haut la main !

LES INGRÉDIENTS

- 3 OIGNONS
- 1/2 POIVRON
- 80 G DE TOMATES SÉCHÉES
- 150 G DE CHORIZO
- 150 G DE FROMAGE FRAIS (TYPE ST MÔRET®)
- 2 CUIL. À SOUPE D'HERBES DE PROVENCE
- 2 TORTILLAS DE MAÏS (WRAP)
- SEL, POIVRE

1. Pelez les oignons, puis émincez-les finement. Épépinez le poivron et émincez-le finement également. Faites de même avec les tomates séchées et le chorizo.

2. Mélangez tous ces ingrédients avec le fromage dans un saladier. Salez, poivrez, puis ajoutez les herbes de Provence et mélangez bien.

3. Étalez cette préparation sur les galettes et roulez-les sur elles-mêmes. Coupez-les en tronçons (en les maintenant avec de petites piques si besoin).

Juliette Arthur-Garcia
« Je t'aime trop.
Tes recettes sont super ! »

La variante
Vous pouvez remplacer le chorizo par du blanc de dinde.

Deborah Lacono
« Salut, les wraps me tentent bien ;-)
Allez, aux fourneaux ! Tes vidéos sont géniales, continue comme ca. ;-) »

Jour 1

PRÉPARATION : 5 MIN

COCKTAILS

Voici 3 recettes de cocktails. Alcoolisés ou non, ils sont rafraîchissants et festifs !

ORANGE FIZ

Un cocktail plein de pétillant et de peps !

Équeutez les fraises et coupez-les finement. Versez le sirop dans un verre haut, puis ajoutez le jus d'orange et plongez-y les fraises. Complétez avec la limonade.

LES INGRÉDIENTS

- 4 FRAISES
- 1 CL DE SIROP DE FRAISES
- 5 CL DE JUS D'ORANGE
- 10 À 15 CL DE LIMONADE

VIRGIN MOJITO

LES INGRÉDIENTS

- ½ CITRON VERT
- 2 CUIL. À CAFÉ DE SUCRE DE CANNE ROUX
- 6 OU 7 FEUILLES DE MENTHE FRAÎCHE
- 5 À 7 CL DE JUS DE POMME
- 8 À 10 CL D'EAU GAZEUSE (TYPE PERRIER®)

La version sans alcool du fameux mojito : ultra rafraîchissant !

1. Taillez le citron vert en 6 morceaux et mettez-les dans un verre haut. Ajoutez le sucre. À l'aide d'un pilon, écrasez le citron de sorte que le jus qui en sort se mélange bien au sucre.
2. Ajoutez les feuilles de menthe et écrasez à nouveau délicatement. Versez le jus de pomme. Remplissez le verre de glace pilée (jusqu'en haut) et complétez avec l'eau gazeuse.

PIÑA COLADA

Un classique parmi les cocktails, toujours aussi bon !

Mettez tous les ingrédients dans le bol d'un mixeur. Ajoutez 5 ou 6 glaçons et mixez bien le tout. Versez dans un verre et dégustez.

LES INGRÉDIENTS

- 4 CL DE RHUM BLANC
- 2 CL DE RHUM AMBRÉ
- 12 CL DE JUS D'ANANAS
- 4 CL DE LAIT DE COCO

Celia Cornu

« À la place du sirop de fraises on peut mettre du sirop de grenadine. »

Crafty Fimo

« Le meilleur c'est jus d'orange/grenadine/citron et glaçons ! »

Made in U.S.A.

Fast Good Cuisine

Cédric Noirat

« Ton Big Mac fait maison est plus esthétique que celui du McDo et meilleur je pense ! :D »

Ogladi

« Je viens de le faire : c'est ÉNORME tant au niveau du goût que de la taille :D »

JOUR 1

PRÉPARATION : 20 MIN
CUISSON : 10 MIN

DOUBLE BEEF BURGER

Toute ressemblance avec un burger incontournable est… probable ! Un grand classique, généreux et gourmand, avec sa secret sauce il est à tomber.

LES INGRÉDIENTS

POUR LA SAUCE

- 1 CUIL. À CAFÉ DE SUCRE EN POUDRE
- 1 CUIL. À CAFÉ DE VINAIGRE BLANC
- 3 CUIL. À SOUPE DE MAYONNAISE
- 2 CUIL. À SOUPE DE CONFIT DE CORNICHONS (RELISH)
- 1 CUIL. À SOUPE D'OIGNON COUPÉ FINEMENT
- SEL, POIVRE

POUR LE BURGER

- 2 STEAKS HACHÉS
- 1 PAIN BUN AU SÉSAME
- 1/4 D'OIGNON
- 1 OU 2 FEUILLES DE SALADE (TYPE BATAVIA)
- 1 TRANCHE DE CHEDDAR (TOASTINETTE)
- 1 CORNICHON
- HUILE D'OLIVE

1. Préparez la sauce. Délayez le sucre avec le vinaigre dans un bol. Ajoutez les autres ingrédients et mélangez. Salez et poivrez selon votre goût.

2. Chauffez un peu d'huile dans une poêle à feu moyen. Déposez les steaks hachés dans la poêle et faites-les cuire 4 à 5 min de chaque côté.

3. Coupez le pain en trois épaisseurs et toastez-les. Pelez l'oignon et émincez-le finement. Lavez la salade, essuyez-la et coupez-la. Taillez le cornichon en lamelles.

4. Prenez la partie inférieure du pain et étalez dessus un peu de sauce. Garnissez d'oignon et de salade. Déposez par-dessus la tranche de cheddar, puis un steak. Recouvrez avec la tranche de pain du milieu. Étalez-y également un peu de sauce, puis ajoutez de la salade et les lamelles de cornichon.

5. Déposez le second steak sur la garniture et refermez le burger avec la partie supérieure du pain. Dégustez aussitôt.

L'astuce
Toastez les pains dans une poêle huilée.

Pour 1

PRÉPARATION : 10 MIN
CUISSON : 10 MIN

SMOKEY BURGER

N'hésitez pas à tester ce burger, simple mais délicieux digne d'une Steakhouse. Il allie le croquant des oignons frais et des cornichons, aux saveurs des épices : un must !

LES INGRÉDIENTS

- 150 G DE VIANDE DE BŒUF HACHÉE
- 1 CUIL. À SOUPE DE SAUCE BARBECUE
- 1 CUIL. À SOUPE D'ÉPICES STEAKHOUSE
- 1 PAIN À HAMBURGER AU SÉSAME
- 1/2 TOMATE
- 1/2 OIGNON
- 1 CORNICHON
- 1 OU 2 FEUILLES DE SALADE (TYPE BATAVIA)
- MAYONNAISE
- KETCHUP
- HUILE D'OLIVE
- SEL, POIVRE

LegainFr

« Je peux sentir l'odeur derrière mon écran : un délice ! »

Abu Al

« On peut toaster le pain dans une poêle avec du beurre voire sans rien, c'est aussi bien ! »

1. Recouvrez la viande de sauce barbecue et saupoudrez-la d'épices. Salez et poivrez.
2. Façonnez la viande en steak. Chauffez un peu d'huile dans une poêle à feu moyen. Déposez le steak dans la poêle et faites-le cuire 4 à 5 min de chaque côté.
3. Ouvrez le pain et toastez les faces coupées dans la poêle pour les dorer.
4. Coupez la tomate en rondelles. Pelez l'oignon et émincez-le finement. Taillez le cornichon en lamelles. Lavez la salade, essuyez-la et coupez-la.
5. Étalez un peu de mayonnaise sur la tranche de pain du haut. Garnissez de salade, de 2 tranches de tomate et de rondelles d'oignon.
6. Posez le steak sur la tranche de pain du bas. Étalez un peu de ketchup par-dessus, puis recouvrez de cornichon.
7. Refermez votre burger et dégustez aussitôt.

L'astuce

En juxtaposant les steaks, concoctez-vous un double (voire triple !) Smokey Burger !

PRÉPARATION : 20 MIN
CUISSON : 10 MIN

SECRET BURGER

Une recette inédite de burger, imaginée pour vous tout spécialement avec un cœur coulant pour encore plus de plaisir !

LES INGRÉDIENTS

1/2 OIGNON ROUGE
1/2 TOMATE
1 CORNICHON
1 PAIN À HAMBURGER BRIOCHÉ
180 G DE STEAK HACHÉ
1 ŒUF
UN PEU DE SAUCE BARBECUE
1 TRANCHE DE CHEDDAR (TOASTINETTE)
QUELQUES POUSSES DE ROQUETTE
HUILE D'OLIVE

LES USTENSILES

EMPORTE-PIÈCE ROND

1. Pelez l'oignon et émincez-le. Coupez en fines lamelles la tomate et le cornichon.
2. Faites chauffer un peu d'huile dans une poêle à feu moyen. Ouvrez le pain et toastez les faces coupées dans la poêle pour les dorer.
3. Ôtez le pain de la poêle et déposez-y le steak à la place. Faites-le cuire 4 à 5 min sur une face puis retournez-le. À l'aide d'un emporte-pièce, réalisez un trou au milieu du steak. Versez-y l'œuf et prolongez la cuisson de 4 à 5 min.
4. Étalez un peu de sauce barbecue sur la tranche de pain du bas, puis déposez le steak par-dessus. Recouvrez de la tranche de cheddar et de tranches de tomate.
5. Étalez également de la sauce barbecue sur la tranche de pain du haut, puis garnissez-la avec le cornichon, la roquette et l'oignon.
6. Refermez le burger et dégustez aussitôt.

L'astuce
L'œuf doit rester bien coulant : surveillez sa cuisson !

JOUR 2

PRÉPARATION : 20 MIN
CUISSON : 10 MIN

LE HOT-DOG NEW-YORKAIS

Voici le hot-dog revisité version alsacienne avec une saucisse de Strasbourg et de la choucroute !

LES INGRÉDIENTS

- 1 OIGNON
- 2 SAUCISSES DE STRASBOURG (TYPE KNACK)
- 100 G DE CHOUCROUTE
- 2 PAINS À HOT-DOG
- MOUTARDE
- KETCHUP
- HUILE D'OLIVE

1. Pelez l'oignon et émincez-le. Chauffez un fond d'huile d'olive dans une poêle à feu moyen, et faites cuire l'oignon jusqu'à ce qu'il soit grillé.
2. Portez une casserole d'eau à ébullition. Plongez-y les saucisses, retirez la casserole du feu. Couvrez et attendez de 5 à 10 min, le temps pour les saucisses de cuire.
3. Pendant ce temps, réchauffez la choucroute dans une casserole. Égouttez les saucisses.
4. Ouvrez les pains à hot-dog. Étalez un peu de moutarde de chaque côté. Placez une saucisse au centre et garnissez de choucroute et de rondelles d'oignon. Agrémentez d'un peu de ketchup. Réalisez le second hot-dog de la même façon et dégustez.

L'astuce
Passer la choucroute à la poêle pour plus de croustillant.

Mastosdonte Masto
« J'ai fait ta recette, et elle est divine, j'adore ! »

Julia Joron
« Ça me donne faim, il est doué ce garçon ! Bravo, pouce vert ! »

mfaddel es-sbai
« Non, mais c'est une tuerie mec OMG ! »

JOUR 1

PRÉPARATION : 15 MIN
CUISSON : 5 MIN

QUESADILLA EXPRESS

Une de mes recettes préférées que j'ai voulu partager sur ma chaîne. Ces quesadillas sont délicieuses, nous font voyager et sont si faciles à préparer !

LES INGRÉDIENTS

- 100 G DE POULET
- 1/4 DE TOMATE
- 1/4 DE POIVRON
- 1/4 D'OIGNON
- 1 GALETTE DE TORTILLA (OU WRAP)
- 50 G DE FROMAGE RÂPÉ
- UN PEU D'HUILE D'OLIVE

1. Coupez le poulet en morceaux et faites-les revenir quelques minutes dans une poêle chaude. Taillez la tomate et le poivron. Pelez l'oignon et coupez-le en rondelles.

2. Étalez la galette et garnissez-la de poulet, de tomate, de poivron et d'oignon sur la moitié de sa surface. Recouvrez de fromage râpé. Refermez ensuite la quesadilla en rabattant la partie vide de la galette sur la garniture.

3. Chauffez un peu d'huile dans la poêle à feu moyen, puis déposez-y la quesadilla. Faites-la cuire 2 min de chaque côté. Retirez du feu et dégustez aussitôt.

L'astuce
Mettez bien à feu moyen pour ne pas brûler la tortilla !

Romane LovesGym
« Hum, je viens d'en faire, c'était délicieux ! Plat qu'on peut agrémenter à sa guise ! Vraiment merci, Charles, de m'avoir fait découvrir cette recette ! »

Meriem Belkredim
« Enfin une personne qui comprend les besoins des étudiants !! Rapide, pas cher, simple et très bon ! »

Tiphanie Ladecouvertedemescreas
« J'ai testé ta recette ce soir, elle était délicieuse :) »

PRÉPARATION : 2 MIN
CUISSON : 5 MIN

Pour 1

MAC & CHEESE

Ultra célèbre, ultra rapide, impossible de faire l'impasse sur cette recette simple et savoureuse !

LES INGRÉDIENTS

- 1 BOL DE MINIMACARONIS (80 G)
- 5 CL DE LAIT
- 50 G DE FROMAGE RÂPÉ (EMMENTAL OU CHEDDAR)
- SEL, POIVRE

1. Versez les pâtes dans un bol et couvrez d'eau. Faites cuire au four à micro-ondes pendant 4 min à 700 W. Ajoutez le lait, salez et poivrez.

2. Parsemez de fromage râpé et faites à nouveau cuire 1 min au four à micro-ondes avant de déguster.

Crazy Girly
« J'ai essayé, c'est un délice suprême, je vous la conseille à tous ! »

Adrian Freed (FreeD)
« J'ai suivi la recette, j'ai rajouté quelques morceaux d'oignons frits et des lardons, et c'est juste un délice. Je n'aurais jamais pensé au lait. »

Do Rine
« Recette testée ce soir et approuvée. Trop bon et archi-rapide à faire !! »

Pour 1

PRÉPARATION : 5 MIN
CUISSON : 2 MIN

EGG & BACON MUFFIN

Une envie d'un petit déj' à l'américaine ? Ce muffin revisité saura vous séduire !

LES INGRÉDIENTS

1 ŒUF
1 TRANCHE DE CHEDDAR (TOASTINETTE)
1 TRANCHE DE BACON
1 PETIT PAIN MUFFIN
SEL, POIVRE

1. Cassez l'œuf dans un petit ramequin, salez et poivrez. Faites cuire au four à micro-ondes pendant 1 min à 700 W.
2. Posez la tranche de fromage sur l'œuf, puis recouvrez de bacon. Faites à nouveau chauffer 45 sec au four à micro-ondes.
3. Ouvrez le pain et toastez-le. Garnissez la partie inférieure du pain de la préparation à base d'œuf, de fromage et de bacon. Recouvrez avec la seconde moitié du pain et dégustez.

Julie Papaix
« Je l'ai fait avec du jambon cru et du fromage de chèvre, c'était pas mal aha ! :) »

Jacques Pichot
« Je l'aime bien aussi avec de l'émincé de poulet. »

Recettes à partager

Fast Good Cuisine

POUR 4

PRÉPARATION : 10 MIN
CUISSON : 5 MIN

LES NUGGETS

Les nuggets de poulet, une des recettes préférées dans les fast-foods ! Parfois un peu décriés sur leur qualité, voilà une recette simple pour les faire à la maison : c'est trop bon !

LES INGRÉDIENTS

2 À 4 ESCALOPES DE POULET

240 G DE FARINE

1 CUIL. À CAFÉ D'AIL EN POUDRE

1 CUIL. À CAFÉ D'OIGNON EN POUDRE

1 ŒUF

22 CL D'EAU GAZEUSE FROIDE

HUILE DE FRITURE

SEL, POIVRE

1. Coupez les escalopes de poulet en petits morceaux de 5 cm de côté environ.
2. Dans un saladier, mélangez la farine avec l'ail et l'oignon en poudre. Salez et poivrez. Ajoutez l'œuf entier et mélangez bien en incorporant l'eau gazeuse petit à petit.
3. Chauffez un bain d'huile à feu moyen dans une grande casserole. Trempez les morceaux de poulet dans la pâte et enrobez-les bien. Déposez-les dans l'huile bien chaude. Laissez-les frire 5 min ; les nuggets doivent être dorés de tous les côtés.
4. Sortez les nuggets à l'aide d'une écumoire, puis déposez-les sur des feuilles de papier absorbant pour éliminer l'excédent d'huile.
5. Dégustez les nuggets avec la sauce de votre choix.

L'astuce
L'eau pétillante pour une panure croustillante.

Talal Ezzeddine
« FastGood Cuisine, j'ai fait ces nuggets avec ma mère et ils étaient délicieux ! »

TRY
THIS!!

JOUR 2

PRÉPARATION : 30 MIN + 30 MIN DE REPOS
CUISSON : 15 MIN

LES FRITES

Les frites, on les aime tous quand elles sont croustillantes et fondantes à la fois. Je vous donne ici LA recette avec ses deux ingrédients stars qui font toute la différence… le sucre et le miel !

LES INGRÉDIENTS

5 POMMES DE TERRE
50 G DE SUCRE EN POUDRE
1 CUIL. À SOUPE DE MIEL
HUILE DE FRITURE
SEL

1. Pelez les pommes de terre, puis découpez-les en bâtonnets de 1 cm d'épaisseur. Lavez les frites à l'eau claire pour enlever l'excédent d'amidon, puis égouttez-les.
2. Dans un saladier, mélangez le sucre et le miel dans un grand volume d'eau. Faites ensuite tremper les frites dans cette préparation pendant 15 min.
3. Égouttez les frites, séchez-les dans un torchon propre, puis réservez-les au congélateur durant 30 min.
4. Dans une grande casserole, chauffez un bain d'huile de friture jusqu'à 150-160 °C. Plongez les frites dans l'huile bouillante pendant 3 min, jusqu'à ce qu'elles deviennent molles et jaune pâle. Retirez les frites de l'huile à l'aide d'une écumoire, puis déposez-les sur des feuilles de papier absorbant.
5. Plongez les frites une seconde fois dans l'huile bouillante à 180 °C, jusqu'à ce qu'elles soient bien dorées. Déposez-les à nouveau sur du papier absorbant pour éliminer l'excédent d'huile. Salez et dégustez.

Gremal Jules + Mimi Choco

« C'est important de les précuire à 150-160 °C pour qu'elles cuisent à l'intérieur. La 2e cuisson, c'est plus chaud (180 °C) pour qu'elles prennent l'aspect croustillant à l'extérieur. »

L'astuce
Vous pouvez remplacer le miel par du sirop d'érable, c'est bon aussi !

JOUR 2

PRÉPARATION : 30 MIN + 1 H DE REPOS
CUISSON : 15 MIN

LES POTATOES

Entre la marinade aux épices et la panure, cette recette nous donne des potatoes croustillantes et parfumées... Il ne va pas en rester !

LES INGRÉDIENTS

- 5 POMMES DE TERRE
- 1 CUIL. À SOUPE D'AIL EN POUDRE
- 2 CUIL. À SOUPE DE CURRY EN POUDRE
- 2 CUIL. À SOUPE DE PAPRIKA EN POUDRE
- 1 CUIL. À CAFÉ DE SUCRE EN POUDRE
- 1 CUIL. À SOUPE D'HERBES DE PROVENCE
- 2 CUIL. À SOUPE D'HUILE D'OLIVE
- 150 G DE FARINE
- HUILE DE FRITURE
- SEL, POIVRE

1. Nettoyez bien les pommes de terre, puis coupez-les en morceaux de 5 cm de longueur environ avec la peau.

2. Dans un saladier, mélangez l'ail en poudre, les épices, le sucre en poudre et les herbes de Provence. Salez et poivrez. Ajoutez l'huile d'olive et mélangez. Faites tremper les potatoes dans cette marinade au moins 1 h.

3. Versez la farine dans une assiette creuse ou un saladier. Passez les pommes de terre dans la farine et secouez-les pour en ôter l'excédent.

4. Dans une grande casserole, chauffez un bain d'huile de friture jusqu'à 150-160 °C. Plongez les potatoes dans l'huile bouillante pendant 3 min, jusqu'à ce qu'elles deviennent molles et jaune pâle. Retirez-les de l'huile à l'aide d'une écumoire, puis déposez-les sur des feuilles de papier absorbant.

5. Plongez les potatoes une seconde fois dans l'huile bouillante à 180 °C, jusqu'à ce qu'elles soient bien dorées. Déposez-les à nouveau sur du papier absorbant pour éliminer l'excédent d'huile. Salez et dégustez.

L'astuce
Frire les potatoes par petites quantités pour ne pas risquer de les déformer.

LaRoseDeFrance
« J'ai testé la recette aujourd'hui, c'est super bon ! Je n'ai pas mis de sucre, mais une gousse d'ail écrasée. J'ai tout fait cuire en une seule fois. C'était le même goût que les potatoes du McDo ! Merci :) »

Tonymonty14
« La recette est faisable sans farine, testé et approuvé ;) »

pour 4

PRÉPARATION : 5 MIN
CUISSON : 20 MIN

CHILI PEPPERS & BACON

J'adore cette recette. Succès garanti lors des apéros : une association parfaite de textures et de saveurs !

LES INGRÉDIENTS

- 6 PIMENTS DOUX
- 120 G DE FROMAGE FRAIS (TYPE PHILADELPHIA® OU ST MORÊT®)
- 50 G DE FROMAGE RÂPÉ
- 6 TRANCHES DE BACON
- 50 G DE SUCRE BRUN
- 1 CUIL. À SOUPE D'ÉPICES CHILI

1. Préchauffez le four à 180 °C (th. 6). Coupez les piments en deux dans la longueur et épépinez-les.
2. Dans un bol, mélangez le fromage frais avec le fromage râpé, puis garnissez-en les piments. Enroulez une tranche de bacon autour de chaque piment. Posez-les dans un plat allant au four.
3. Mélangez le sucre brun et les épices. Parsemez les piments de ce mélange, puis enfournez pour 20 min de cuisson. Dégustez bien chaud.

L'astuce
Attention à ne pas toucher vos yeux après avoir vidé les piments !

Ugo SAGE
« FastGood, grâce à toi j'ai découvert la passion de la cuisine et tu fais vraiment de belles choses. Continue comme ça ! »

Pour 4-6 ★

PIZZA PAN

C'est LA pizza emblématique des États-Unis avec sa pâte bien épaisse et moelleuse. Allez, on se lance un défi et on réalise soi-même la pâte ! N'hésitez pas à varier la garniture.

PRÉPARATION :
30 MIN + 2 H 30 DE REPOS
CUISSON : 35 MIN

LES INGRÉDIENTS

POUR LA PÂTE
20 G DE LEVURE DE BOULANGER
400 G DE FARINE
5 CL DE LAIT
1 CUIL. À SOUPE D'HUILE D'OLIVE
1 CUIL. À CAFÉ DE SEL

POUR LA SAUCE PIZZA
50 CL DE SAUCE TOMATE EN BRIQUE OU EN CONSERVE
1 CUIL. À SOUPE DE CASSONADE
1 CUIL. À SOUPE DE JUS DE CITRON
1 CUIL. À SOUPE DE SAUGE EN POUDRE
1 CUIL. À SOUPE DE BASILIC SÉCHÉ EN FLOCONS
1 CUIL. À SOUPE D'OIGNON SÉCHÉ EN FLOCONS
SEL, POIVRE

POUR LA GARNITURE
30 G DE POLENTA
1 OIGNON
3 CHAMPIGNONS DE PARIS
1 POIVRON VERT
200 G D'ESCALOPES DE POULET
80 G DE MOZZARELLA
HUILE D'OLIVE

1. Préparez la pâte. Dans un saladier, délayez la levure dans 10 cl d'eau tiède, puis incorporez 5 cuil. à soupe de farine. Mélangez le tout et formez une petite boule, puis laissez-la reposer 30 min.

2. Versez le reste de la farine dans un autre saladier. Placez la boule de pâte au centre, puis versez 10 cl d'eau tiède, le lait, l'huile et le sel. Pétrissez jusqu'à ce que la pâte n'attache plus aux mains. Façonnez-la en boule, déposez-la dans un saladier propre et fariné, puis recouvrez d'un torchon. Laissez lever la pâte pendant 2 h.

3. Réunissez les ingrédients de la sauce dans une casserole et faites mijoter le tout 20 min à feu doux. Salez et poivrez à votre goût.

4. Préchauffez le four à 180 °C (th. 6). Étalez la pâte dans un moule à gâteau graissé. Huilez la surface avec un peu d'huile d'olive et saupoudrez de polenta. Épluchez l'oignon et les champignons. Équeutez et épépinez le poivron. Taillez tous les éléments de la garniture en morceaux, rondelles ou lanières.

5. Étalez la sauce sur la pâte à pizza et recouvrez de garniture. Enfournez pour 12 à 15 min de cuisson. Dégustez chaud.

L'astuce
Attention à bien respecter les temps de repos !

1975natas
« Personnellement, je grillerais légèrement le poulet avant pour éviter que les sucs coulent dans la pizza. »

Pour 2

PRÉPARATION : 30 MIN + 1 H DE REPOS
CUISSON : 10 MIN

KEBABS AU POULET

Un plat qu'on ne pense jamais à faire à la maison. Voici donc TOUS les secrets pour y remédier et le réussir !

LES INGRÉDIENTS

250 G D'ESCALOPES DE POULET
1 TOMATE
1 OIGNON
3 OU 4 FEUILLES DE SALADE
2 PAINS À KEBAB OU PAINS PITA

POUR LA SAUCE

1 GOUSSE D'AIL
1/2 ÉCHALOTE
1/2 CITRON
QUELQUES BRINS DE PERSIL
QUELQUES BRINS DE CIBOULETTE
150 G DE FROMAGE BLANC

POUR LA MARINADE

10 CL D'HUILE D'OLIVE
1 CUIL. À CAFÉ DE VINAIGRE DE VIN
4 CUIL. À SOUPE DE PAPRIKA EN POUDRE
2 CUIL. À SOUPE DE GINGEMBRE EN POUDRE
4 CUIL. À SOUPE DE CURRY EN POUDRE
4 CUIL. À SOUPE D'HERBES DE PROVENCE
SEL, POIVRE

1. Préparez la sauce. Pelez et écrasez l'ail dans un grand bol. Épluchez l'échalote et ciselez-la. Pressez le citron. Ciselez les herbes. Ajoutez le fromage blanc et mélangez tous les ingrédients de la sauce dans le bol.
2. Réalisez ensuite la marinade en mélangeant tous les ingrédients dans un plat. Salez et poivrez selon votre goût.
3. Taillez le poulet en fines lamelles, puis plongez-les dans la marinade pendant au moins 1 h.
4. Faites chauffer une poêle à feu moyen, puis faites-y griller de tous les côtés le poulet légèrement égoutté, pour environ 10 min de cuisson.
5. Taillez la tomate en rondelles. Pelez l'oignon et émincez-le en rondelles également. Lavez la salade, essuyez-la et coupez-la en lamelles.
6. Ouvrez les pains et étalez la sauce à l'intérieur. Garnissez ensuite les pains de salade, de tomate, d'oignon et de viande.
7. Rajoutez un peu de sauce et dégustez aussitôt.

L'astuce
Coupez le poulet très finement pour un résultat comme au restaurant.

Anissa L
« Ça, c'est de l'assaisonnement ! On pourrait même rajouter un peu d'ail aussi ! »

Crée DIY
« Moi qui croyais que c'était impossible de faire un kebab chez soi ! Merci Charles !! »

Pour 2

PRÉPARATION : 10 MIN
CUISSON : 10 MIN

FILETS DE POULET CROUSTILLANTS

C'est la première recette que j'ai postée sur ma chaîne. Vue par plus de 2 millions de personnes, elle a fait ses preuves ! Son croustillant et sa panure parfumée en ont séduit plus d'un.

LES INGRÉDIENTS

- 100 G DE FARINE
- 1 CUIL. À SOUPE D'AIL SÉCHÉ
- 1 CUIL. À SOUPE D'OIGNON SÉCHÉ
- 1 CUIL. À CAFÉ DE PAPRIKA EN POUDRE
- 1 ŒUF
- 2 CUIL. À SOUPE DE LAIT
- 2 GROSSES ESCALOPES DE POULET
- HUILE DE FRITURE
- SEL, POIVRE

1. Dans un saladier, mélangez la farine avec l'ail, l'oignon et le paprika. Salez et poivrez selon vôtre goût.
2. Cassez l'œuf dans un bol et mélangez-le à la fourchette avec le lait.
3. Passez les escalopes de poulet dans la farine, secouez un peu, puis plongez-les dans le mélange œuf-lait. Répétez cette opération une seconde fois.
4. Chauffez un bain de friture dans une casserole à feu moyen. Plongez les escalopes panées dans l'huile bouillante pendant 10 min.
5. Retirez les escalopes de l'huile à l'aide d'une écumoire, puis déposez-les sur des feuilles de papier absorbant pour éliminer l'excédent d'huile. Dégustez.

L'astuce
Attention aux projections si vous faites trop chauffer l'huile !

Joss du Nord-Est
« Salutations ! Perso, je rajoute en plus du parmesan et je les fais cuire dans une friteuse. Par contre, je ne mets pas de lait, les œufs me suffisent. Merci pour cette recette et bonne continuation !

Recettes au micro-ondes

FastGood Cuisine

I ♥ NY

Pour 1

PRÉPARATION : 5 MIN
CUISSON : 1 MIN 10

MUG PIZZA AU JAMBON

Comment faire une pizza en moins de 10 min ? Je vous propose une version mug complètement bluffante !

LES INGRÉDIENTS

POUR LA PÂTE

3 CUIL. À SOUPE DE LAIT
4 CUIL. À SOUPE DE FARINE
1 CUIL. À SOUPE D'HUILE D'OLIVE
1 CUIL. À CAFÉ D'HERBES DE PROVENCE
SEL

POUR LA GARNITURE

30 G DE SAUCE TOMATE
30 G DE POULET CUIT
20 G DE MORCEAUX D'OIGNON
20 G DE DÉS DE MOZZARELLA

1. Mélangez l'ensemble des ingrédients de la pâte dans un mug, jusqu'à ce qu'elle soit homogène. Ajoutez un petit peu de la garniture de votre choix coupée en petits morceaux. Mélangez le tout. Faites cuire pendant 1 min au four à micro-ondes à 700 W.

2. Nappez le mug de sauce tomate et ajoutez le reste de la garniture. Faites à nouveau chauffer au four à micro-ondes pendant 10 sec avant de déguster.

Raph Sykes

« O.K., j'ai fait la version « blanche », genre garniture crème, dés de jambon, dose de fromage et oignons. C'était carrément bon ;) »

Mélanie L

« J'ai testé et franchement c'est super bon ! Juste que j'ai remplacé le lait par la crème liquide (oui, je n'avais plus de lait). Merci pour cette superbe recette ! »

Pour 1

PRÉPARATION : 5 MIN
CUISSON : 1 MIN

PAIN PERDU

Une version express et individuelle du pain perdu : à faire et à refaire sans modération !

LES INGRÉDIENTS

- 2 TRANCHES DE PAIN D'ÉPICES
- 1 ŒUF
- 1 CUIL. À SOUPE DE SUCRE EN POUDRE
- 1 PINCÉE DE CANNELLE EN POUDRE
- QUELQUES GOUTTES D'EXTRAIT NATUREL DE VANILLE

1. Coupez le pain d'épices en cubes. Dans un bol, mélangez l'œuf avec le sucre, la cannelle et l'extrait de vanille.

2. Déposez le pain d'épices dans un mug et versez le mélange par-dessus.

3. Faites cuire 1 min au four à micro-ondes à 700 W. Dégustez aussitôt.

Bawe + Defours Julia
« Pour moi encore meilleur avec de la brioche :-) »

I ♥ NY

POUR 1

PRÉPARATION : 5 MIN
CUISSON : 2 MIN

S'MORES

Populaire aux États-Unis, le S'more se déguste traditionnellement autour d'un feu de camp. Mais pourquoi attendre ? En voici une version express à dévorer chez soi ! Si bon qu'on en redemande… Some more !

LES INGRÉDIENTS

- 3 CARRÉS DE CHOCOLAT
- 3 CUBES DE GUIMAUVE
- 6 BISCUITS DE TYPE PETIT BEURRE

1. Déposez un carré de chocolat puis une guimauve sur trois biscuits.
2. Faites chauffer le tout 1 min au four à micro-ondes à 700 W.
3. Recouvrez chaque « tartine » d'un biscuit pour former des sandwichs. Dégustez aussitôt.

La gameuse pro

« Les S'mores, j'en mange tout le temps pendant les vacances. Merci FastGood Cuisine ! »

Moka S

« Il en faut peu pour être heureux, vraiment très peu pour être heureux… »

Pour 1

PRÉPARATION : 10 MIN
CUISSON : 2 MIN

MUG CAKE NUTELLA® ET FRAMBOISES

Simple et rapide, ce mug cake vous séduira pour son alliance originale du Nutella® et de la framboise.

LES INGRÉDIENTS

- 2 CUIL. À SOUPE DE NUTELLA®
- 1 CUIL. À SOUPE D'HUILE
- 1 CUIL. À SOUPE DE SUCRE EN POUDRE
- 1 ŒUF
- 2 CUIL. À SOUPE DE FARINE
- 4 OU 5 FRAMBOISES FRAÎCHES

1. Versez le Nutella® et l'huile dans un mug, puis faites fondre le tout pendant 1 min au four à micro-ondes à 700 W. Mélangez l'ensemble avec une fourchette.
2. Ajoutez le sucre, puis l'œuf. Incorporez la farine et mélangez bien.
3. Parsemez la surface de framboises et faites chauffer 50 sec au four à micro-ondes.
4. Laissez refroidir quelques minutes avant de déguster.

Pour 1

PRÉPARATION : 10 MIN
CUISSON : 2 MIN

MUG CAKE TOBLERONE® ET MINIGUIMAUVES

Le fondant du chocolat associé au moelleux de la guimauve : c'est un vrai délice pour les papilles !

LES INGRÉDIENTS

15 G DE BEURRE (1 CUIL. À SOUPE)

20 G DE CHOCOLAT TOBLERONE® (ENVIRON 3 CARRÉS D'UNE TABLETTE DE 100 G)

2 CUIL. À SOUPE DE CASSONADE

1/4 DE CUIL. À CAFÉ D'EXTRAIT NATUREL DE VANILLE

1 JAUNE D'ŒUF

3 CUIL. À SOUPE DE FARINE

QUELQUES MINIGUIMAUVES (CHAMALLOWS)

1. Placez le beurre et le chocolat dans le mug, puis faites fondre le tout au four à micro-ondes pendant 1 min à 700 W.

2. Ajoutez la cassonade et l'extrait de vanille, puis le jaune d'œuf. Incorporez ensuite la farine. Mélangez bien.

3. Parsemez la surface du mug de miniguimauves, puis faites chauffer à nouveau le tout 50 sec au four à micro-ondes.

4. Laissez refroidir quelques minutes avant de déguster.

Pour 1

PRÉPARATION : 10 MIN
CUISSON : 2 MIN

MUG CAKE CHOCOLAT BLANC ET TAGADA L'ORIGINALE®

Une recette classique de mug cake au chocolat blanc ? C'est sans compter sur la touche acidulée apportée par la fameuse fraise Tagada® !

LES INGRÉDIENTS

- 40 G DE CHOCOLAT BLANC
- 40 G DE BEURRE DEMI-SEL
- 2 CUIL. À SOUPE DE FARINE
- 2 CUIL. À SOUPE DE SUCRE GLACE
- 40 G DE FROMAGE BLANC NATURE
- 1 ŒUF
- 6 BONBONS TAGADA L'ORIGINALE®

hpynuma
« Le chocolat blanc mais sans les Tagada ♥♥♥ »

1. Cassez le chocolat en petits morceaux et placez-les dans un mug avec le beurre coupé en dés.
2. Faites fondre le tout 1 min au four à micro-ondes à 700 W. Mélangez avec une fourchette.
3. Ajoutez la farine, le sucre puis le fromage blanc, en mélangeant bien entre chaque ajout. Cassez l'œuf dans le mug et mélangez énergiquement de façon à obtenir une pâte bien lisse.
4. Ajoutez les bonbons coupés en petits morceaux, puis mélangez afin de bien les incorporer.
5. Faites cuire 1 min au four à micro-ondes. Prolongez la cuisson de 30 sec si vous n'obtenez pas le degré de cuisson désiré. Dégustez sans attendre !

L'astuce
Pas plus de 1 min de cuisson par mug cake !... Sinon il va déborder !

Idenpendantbeardu94
« J'ai fait le mug cake Tagada et il est vraiment délicieux ! Après une journée de travail, c'est parfait. »

Pour 1

PRÉPARATION : 5 MIN
CUISSON : 1 MIN

COOKIE EXPRESS

J'adore les cookies, pas vous ? Voici une recette ultra rapide, inratable et délicieuse pour tous les accros.

LES INGRÉDIENTS

- 1 CUIL. À SOUPE DE BEURRE
- 2 CUIL. À SOUPE DE SUCRE BRUN
- QUELQUES GOUTTES D'EXTRAIT NATUREL DE VANILLE
- 2 CUIL. À SOUPE DE LAIT
- 1 PINCÉE DE SEL
- 3 CUIL. À SOUPE DE FARINE
- QUELQUES PÉPITES DE CHOCOLAT

1. Faites fondre le beurre au four à micro-ondes dans un bol. Ajoutez le sucre et mélangez. Ajoutez ensuite la vanille, le lait et le sel. Mélangez à nouveau. Incorporez enfin la farine, puis les pépites de chocolat.

2. Disposez la pâte sur une petite assiette et faites cuire 30 sec au four à micro-ondes à 700 W. Prolongez ensuite la cuisson de 20 sec, puis de 10 sec. Laissez refroidir avant de déguster.

Shori Dolls

« J'ai fait la recette en remplaçant l'extrait de vanille par du sucre vanillé, et les pépites de chocolat par du chocolat blanc et des cranberries : DÉLICIEUX !! »

Toute l'année !

FastGood Cuisine

Pour 2

PRÉPARATION : 20 MIN
CUISSON : 10 MIN

WHOOPIES SAINT-VALENTIN AU NUTELLA®

Un cœur fondant au Nutella® ? C'est irrésistible… alors laissez-vous séduire !

LES INGRÉDIENTS

- 2 ŒUFS
- 150 G DE SUCRE EN POUDRE
- 100 G DE BEURRE FONDU
- 200 G DE FARINE
- ½ SACHET DE LEVURE CHIMIQUE
- UNE POINTE DE COUTEAU DE COLORANT ALIMENTAIRE ROUGE (EN POUDRE SI POSSIBLE)
- UN PEU DE NUTELLA®

LES USTENSILES

- MOULES EN SILICONE EN FORME DE CŒUR

1. Préchauffez le four à 180 °C (th. 6). Dans un saladier, fouettez les œufs et le sucre jusqu'à ce que le mélange blanchisse. Ajoutez le beurre fondu et mélangez à nouveau.
2. Incorporez ensuite la farine, puis la levure. Ajoutez le colorant alimentaire et mélangez bien.
3. Versez la pâte dans les moules et enfournez pour 10 min. Laissez un peu refroidir avant de démouler.
4. Garnissez la moitié des biscuits de Nutella®, puis recouvrez avec un second biscuit pour former les whoopies.

Supergeekmanable
« On peut aussi remplacer le Nutella® par de la confiture de fraises ou des tranches de fraises avec de la chantilly. »

NalydSephiroth69 + Matthieu Royere
« On peut aussi remplacer le colorant par un coulis de framboise, ça donnera du goût mais veillez à que ça brise pas la pâte à gâteau. »

Pour 2

PRÉPARATION : 30 MIN
REPOS : 35 MIN

LE KINDER SURPRISE® DE PÂQUES

Cette année, pourquoi ne pas agrémenter sa chasse aux œufs avec des chocolats faits maison ? Facile et super bon, à vous de trouver des idées originales pour la surprise !

LES INGRÉDIENTS

1 TABLETTE DE CHOCOLAT, NOIR OU AU LAIT

1 TABLETTE DE CHOCOLAT BLANC

1 MINI OREO® COOKIE

LES USTENSILES

1 MOULE EN FORME D'ŒUF (2 COQUES)

1 PINCEAU

1. Cassez le chocolat noir et faites-le fondre au bain-marie. Versez un peu de chocolat dans le fond du moule et à l'aide d'un pinceau étalez-le en une fine couche sur les 2 coques. Placez les moules au congélateur pendant 5 min pour les faire prendre. Recommencez l'opération 2 fois et laisser reposer les moules au réfrigérateur.

2. Cassez le chocolat blanc et faites-le fondre au bain-marie. Une fois que le chocolat fondu est bien lisse, appliquez trois couches de chocolat blanc sur les coques en chocolat noir. Laissez prendre au réfrigérateur pendant 5 à 10 min entre chaque couche puis laissez durcir au réfrigérateur pendant 20 min.

3. Délicatement, démoulez les deux coques. Garnissez l'œuf de sa surprise : un mini Oreo® cookie.

4. Déposez du chocolat fondu sur le tour des 2 coques puis collez-les délicatement ensemble. Maintenez l'oeuf fermé pendant 30 sec pour que la soudure prenne. Laissez-le reposer au réfrigérateur pendant 10 min. Votre Kinder® maison est prêt !

4

PRÉPARATION : 30 MIN
CUISSON : 25 MIN

CUPCAKES HALLOWEEN

Des petits gâteaux « so cute » et « so scary » à la fois. Et puis un cupcake orange, ça change !

L'astuce
Si vous n'avez pas de seringue ni de poche à douille, vous pouvez utiliser un sac de congélation dont vous couperez un des coins.

LES INGRÉDIENTS

- 400 G DE CITROUILLE OU POTIRON
- 4 ŒUFS
- 100 G DE SUCRE
- 125 G DE BEURRE DOUX
- 1CC DE VANILLE EN POUDRE
- COLORANT ORANGE (POUDRE SI POSSIBLE)
- 150 G DE FARINE
- 200 G DE SUCRE GLACE
- 20 G DE CHOCOLAT

LES USTENSILES

SERINGUE OU POCHE À DOUILLE

Le truc
Vous pouvez aussi utiliser de la purée de citrouille en conserve ou surgelée.

1. Réalisez les cupcakes : coupez la chair de la citrouille en dés et faites-la cuire 10 min dans une casserole d'eau bouillante jusqu'à ce qu'elle soit fondante. Égouttez et réduisez en purée.

2. Séparez les blancs des jaunes d'œuf, réservez un blanc à part. Montez 3 blancs en neige avec une pincée de sel puis ajoutez-y le sucre en deux fois et continuer à battre jusqu'à obtenir une meringue.

3. Faite fondre le beurre au micro-ondes. Mélangez les 4 jaunes d'œuf, le beurre, la vanille et le colorant. Ajoutez la farine puis la purée de citrouille.

4. Incorporez délicatement les blancs montés en meringue. Répartissez la pâte dans les moules à cupcake et enfournez pour 10 à 15 min.

5. Pendant ce temps réalisez le glaçage : dans un saladier mélangez le blanc d'œuf et le sucre glace. Sortez les cupcakes du four et laissez-les refroidir. Recouvrez-les de glaçage et laissez sécher.

6. Pour la décoration, faites fondre le chocolat, et à l'aide d'une seringue ou d'une poche à douille dessinez sur le glaçage les yeux, la bouche, les coutures de la bouche et deux points pour le nez.

POUR 4

PRÉPARATION : 40 MIN
CUISSON : 35 MIN

BROWNIES SAPINS DE NOËL

« Attention ! Cette recette pourrait provoquer des réactions fortes chez les amateurs de Nutella®. »

LES INGRÉDIENTS

60 G DE FARINE
15 G DE CACAO EN POUDRE
1 PINCÉE DE LEVURE CHIMIQUE
100 G DE BEURRE
150 G DE SUCRE
EXTRAIT VANILLE
400 G DE NUTELLA®
2 OEUFS
1 PINCÉE DE SEL

POUR LA DÉCORATION

1 BLANC D'ŒUF
150 G DE SUCRE GLACE
COLORANT VERT
MINI SMARTIES® ROUGES
SUCRES D'ORGE

1. Préchauffez le four à 180 °C (th. 6). Dans un grand saladier placez la farine, le cacao, le sel et la levure chimique. Il ne faut pas que le sel soit en contact avec la levure car il l'empêche de monter.

2. Dans un autre saladier, faites fondre le beurre et le sucre au micro-ondes pendant 50 sec. Mélangez le tout pour homogénéiser. Ajoutez l'extrait de vanille et 200 g de Nutella® et mélangez à nouveau. Enfin ajoutez les œufs et mélangez. Incorporez à ce mélange le contenu du premier saladier et mélangez à nouveau.

3. Versez la moitié de la pâte dans un moule carré recouvert de papier sulfurisé puis recouvrez des 200 g de Nutella® restants et terminez par le reste de pâte. Enfournez pour 35 min.

4. Pendant la cuisson, dans un grand bol, mélangez le sucre glace, le blanc d'oeuf et le colorant vert. Versez ce glaçage dans une poche à douille munie d'une douille cannelée.

5. Sortez le brownie du four et laissez-le refroidir. Découpez-le en triangles pour former les sapins. Dessinez, avec le glaçage, une guirlande sur les gâteaux et décorez avec des Smarties® et les sucres d'orge.

KATY MSP

« Je l'ai fait pour ma famille. Au début ma mère n'était pas trop pour mais après l'avoir goûté, elle a complètement adoré comme tout le monde !! »

Gourmandises

Fast Good Cuisine

Jour 4

PRÉPARATION : 20 MIN + 1 NUIT DE REPOS

OREO® CHEESECAKE

Vous savez ce qui est encore meilleur qu'un Oreo® ? Un Cheesecake aux Oreo® cookies !

LES INGRÉDIENTS

- 12 OREO® COOKIES + 5 POUR LA DÉCORATION
- 2 CUIL. À SOUPE DE BEURRE FONDU
- 25 CL DE CRÈME LIQUIDE ENTIÈRE
- 100 G DE FROMAGE FRAIS (TYPE ST MÔRET® OU PHILADELPHIA®)
- 3 CUIL. À SOUPE DE SUCRE GLACE
- QUELQUES GOUTTES D'EXTRAIT DE VANILLE LIQUIDE

1. Réduisez les biscuits en poudre à l'aide d'un mixeur ou d'un rouleau à pâtisserie, puis mélangez-les avec le beurre. Répartissez cette pâte dans un cercle à pâtisserie en tassant bien.

2. Montez la crème en chantilly au batteur électrique. Mélangez le fromage avec le sucre glace et la vanille. Incorporez cette préparation à la chantilly en mélangeant délicatement. Ajoutez un biscuit coupé en petits morceaux.

3. Versez la préparation au fromage frais sur la pâte. Décorez le cheesecake des biscuits restants.

4. Conservez le cheesecake toute une nuit au réfrigérateur avant de le déguster.

La variante

Remplacez les Oreo® classiques par des Oreo® enrobés de chocolat blanc ou au lait.

Sonia Nyan

« Délicieux ! C'est faisable aussi avec d'autres biscuits, par exemple des spéculoos. »

Pour 2

PRÉPARATION : 30 MIN + 30 MIN DE REPOS
CUISSON : 6 MIN

GAUFRES FAÇON FASTGOOD

Des gaufres en sucettes, un petit plaisir à partager sans compter. Entre Nutella® et beurre de cacahuètes – le choix va être difficile !

LES INGRÉDIENTS

- 10 CL DE LAIT
- 1 SACHET DE LEVURE SÈCHE
- 1 ŒUF
- 25 G DE SUCRE EN POUDRE
- 250 G DE FARINE
- 100 G DE BEURRE FONDU
- 50 G DE NUTELLA®
- 50 G DE BEURRE DE CACAHUÈTE
- 1 PINCÉE DE SEL

LES USTENSILES

- APPAREIL À GAUFRES
- 2 LONGS BÂTONNETS EN BOIS

1. Dans un grand bol, mélangez le lait avec 10 cl d'eau. Faites tiédir le tout au four à micro-ondes, puis délayez-y la levure.

2. Ajoutez l'œuf, puis le sucre. Mélangez bien. Incorporez petit à petit la farine, puis le beurre fondu et le sel. Laissez reposer la pâte au moins 30 min.

3. Chauffez un appareil à gaufres, puis versez-y deux tas de pâte. Faites cuire les gaufres 5 à 6 min.

4. Enfoncez une pique en bois dans chaque gaufre pour former des sucettes. Garnissez l'une de Nutella® et l'autre de beurre de cacahuète. Dégustez.

The Original
MASON CASH
Est 1800

POUR 3

PRÉPARATION :
15 MIN + 2 H DE REPOS

CRÈME GLACÉE GOURMANDE

Une tuerie cette crème glacée aux Oreo® et au chocolat fondant !

LES INGRÉDIENTS

- 200 G DE CRÈME LIQUIDE ENTIÈRE BIEN FROIDE
- 150 G DE LAIT CONCENTRÉ SUCRÉ
- 100 G DE CHOCOLAT NOIR
- 4 CUIL. À SOUPE DE LAIT
- QUELQUES OREO® COOKIES

1. Dans un saladier, montez la crème liquide en chantilly en la fouettant à l'aide d'un batteur électrique. Incorporez-y délicatement le lait concentré sucré.

2. Répartissez cette préparation dans des tasses ou des verres, puis laissez reposer 2 h au congélateur.

3. Préparez alors la sauce. Mettez le chocolat cassé en morceaux et le lait dans un grand bol. Faites chauffer pendant 1 min au four à micro-ondes à 700 W.

4. Cassez quelques biscuits en morceaux et parsemez-en la surface des desserts. Nappez de sauce au chocolat et dégustez.

Nadia Yh

« Pour que la chantilly monte, il faut que le saladier, la crème et le batteur soient bien froids ! Vous pouvez les passer au réfrigérateur quelques minutes avant. »

POUR 6

ÉCLAIRS FAÇON FASTGOOD

Encore des Oreo® ! Mais cette fois déclinés dans un fabuleux éclair fourré d'une délicieuse crème pâtissière à la vanille. J'en rêvais, alors je l'ai imaginé pour vous !

La variante

Les Oreo® peuvent être facilement remplacés par des cookies.

PRÉPARATION : 45 MIN
CUISSON : 20 MIN

LES INGRÉDIENTS

POUR LA PÂTE À CHOUX

- 160 G DE LAIT
- 160 G D'EAU MINÉRALE
- 150 G DE BEURRE
- 2 PINCÉES DE SUCRE EN POUDRE
- 180 G DE FARINE
- 4 ŒUFS
- 1 PINCÉE DE SEL

POUR LA CRÈME PÂTISSIÈRE

- 10 OREO® COOKIES (DE TAILLE CLASSIQUE)
- 4 JAUNES D'ŒUFS
- 150 G DE SUCRE EN POUDRE
- 60 G DE MAÏZENA®
- 75 CL DE LAIT
- 1 POINTE DE COUTEAU DE VANILLE EN POUDRE
- 40 G DE BEURRE MOU (POMMADE)

POUR LA DÉCORATION

- 1 BLANC D'ŒUF
- 150 G DE SUCRE GLACE
- 30 MINI OREO® COOKIES

1. Préchauffez le four à 180 ° (th. 6).

2. Préparez la pâte à choux. Dans une casserole, versez le lait, l'eau, le beurre coupé en morceaux, le sucre et le sel. Portez à ébullition en mélangeant. Retirez du feu et ajoutez la farine d'un seul coup. Mélangez. Remettez à feu doux et mélangez encore à l'aide d'une spatule pour assécher la pâte et éviter qu'elle n'attache au fond de la casserole.

3. Versez la pâte dans un saladier. Fouettez les œufs dans un bol, puis incorporez-les progressivement à la pâte. Mettez la pâte dans une poche à douille et dressez des éclairs sur une plaque de cuisson tapissée de papier sulfurisé. Enfournez 20 min. Éteignez le four, ouvrez la porte et laissez refroidir les éclairs.

4. Réalisez la crème pâtissière. Séparez les biscuits et prélevez-en la crème. Placez celle-ci dans un bol. Réduisez les biscuits en poudre et versez-la dans un autre bol. Dans la cuve d'un robot pâtissier, battez les jaunes d'œufs avec 110 g de sucre pendant 3 min. Réservez.

5. Dans une casserole, versez la Maïzena®, le sucre restant (40 g), le lait et la vanille. Portez à ébullition tout en fouettant, puis versez doucement sur le mélange précédent, tout en continuant de fouetter. Reversez le tout dans la casserole et faites chauffer à feu doux.

6. Ôtez du feu dès la reprise de l'ébullition. Versez la crème dans un saladier et laissez-la refroidir 2 ou 3 min avant d'y incorporer le beurre, puis la crème et la poudre des biscuits.

7. À l'aide d'une poche à douille, fourrez les éclairs de crème pâtissière en faisant un trou de chaque côté.

8. Préparez le glaçage en mélangeant le blanc d'œuf avec le sucre glace. Nappez les éclairs, puis décorez-les en y déposant des petits biscuits.

Pour 1

PRÉPARATION :
30 MIN + 30 MIN DE REPOS
CUISSON : 12 MIN

MINI LINZERTORTEN

Voici ma recette revisitée de la célèbre tarte autrichienne en version mini. Vous allez adorer !

LES INGRÉDIENTS

- 180 G DE BEURRE MOU
- 120 G DE SUCRE EN POUDRE
- 1 ŒUF ENTIER + 1 JAUNE D'ŒUF
- 1/2 CUIL. À CAFÉ RASE DE CANNELLE EN POUDRE
- 180 G DE FARINE
- 180 G DE POUDRE D'AMANDES
- 250 G DE CONFITURE DE FRAMBOISES OU DE FRUITS ROUGES

LES USTENSILES

- EMPORTE-PIÈCE EN FORME DE CŒUR DE DEUX TAILLES DIFFÉRENTES

1. Dans un saladier, mélangez le beurre et le sucre à l'aide d'une spatule jusqu'à obtention d'une pommade.

2. Ajoutez l'œuf entier, puis la cannelle, la farine et la poudre d'amandes. Pétrissez du bout des doigts et rassemblez la pâte pour former une boule.

3. Enveloppez la pâte de film alimentaire et laissez-la reposer 30 min au réfrigérateur.

4. Préchauffez le four à 180 °C (th. 6). Étalez la pâte au rouleau à pâtisserie. Découpez-y des cœurs à l'aide du plus grand emporte-pièce. Sur la moitié ces biscuits, faites un trou en forme de cœur au centre à l'aide du plus petit emporte-pièce.

5. Placez les biscuits sur une plaque de cuisson tapissée de papier sulfurisé. Dorez-les au pinceau à l'aide du jaune d'œuf battu, puis enfournez pour 10 à 12 min de cuisson. Sortez du four et laissez refroidir.

6. Garnissez les biscuits entiers de confiture, puis déposez par-dessus un biscuit troué.

Saveurs d'enfance

FastGood Cuisine

pour 4-6

LE GÂTEAU DE MON ENFANCE

On a tous notre petite madeleine de Proust. Voici la mienne dont je vous livre ici les secrets.

PRÉPARATION : 25 MIN
CUISSON : 15 MIN

LES INGRÉDIENTS

POUR LES GÂTEAUX

4 ŒUFS

200 G DE SUCRE BLOND

1 PINCÉE DE SEL

200 G DE BEURRE FONDU

250 G DE FARINE

1/2 SACHET DE LEVURE CHIMIQUE

1 CUIL. À SOUPE RASE DE CACAO AMER EN POUDRE

1 CUIL. À CAFÉ D'EXTRAIT NATUREL DE VANILLE

POUR LA GANACHE AU CHOCOLAT

150 G DE CHOCOLAT NOIR

12 CL DE CRÈME LIQUIDE

POUR LE GLAÇAGE ET LA FINITION

100 G DE SUCRE GLACE

2 CUIL. À SOUPE DE CRÈME LIQUIDE ENTIÈRE

VERMICELLES DE CHOCOLAT

1. Préparez la pâte du gâteau. Dans la cuve d'un robot pâtissier (ou à l'aide d'un batteur électrique et d'un saladier à défaut), fouettez les œufs avec le sucre et la pincée de sel. Incorporez le beurre fondu, puis la farine et enfin la levure. Mélangez bien.

2. Versez environ un tiers de la pâte dans un saladier à part.

3. Incorporez-y le cacao en poudre et mélangez bien. Aromatisez la pâte restante (deux tiers) avec la vanille.

4. Préchauffez le four à 180 °C (th. 6). Transvasez la pâte à la vanille dans un moule suffisamment grand pour pouvoir par la suite y découper 2 rectangles. Versez la pâte au chocolat dans un moule plus petit afin d'avoir la même épaisseur de pâte que celle du gâteau à la vanille et de pouvoir y découper un seul rectangle. Enfournez chaque gâteau pour 15 min de cuisson.

L'astuce
Attention au temps de cuisson !

5. Réalisez la ganache. Cassez le chocolat dans un récipient. Portez la crème liquide à ébullition dans une casserole et versez-la sur le chocolat. Mélangez délicatement jusqu'à ce que la ganache soit homogène. Laissez refroidir à température ambiante.

6. Une fois les gâteaux refroidis, découpez le gâteau vanille en deux. Étalez une couche de ganache au chocolat sur un gâteau à la vanille. Posez le gâteau au chocolat par-dessus et nappez-le de ganache. Recouvrez avec le second gâteau à la vanille.

7. Versez le sucre glace dans un récipient et incorporez progressivement la crème jusqu'à obtention d'une consistance assez épaisse pouvant s'étaler facilement, sans être trop liquide. Étalez ce glaçage sur la surface du gâteau en le lissant à la spatule. Parsemez de vermicelles de chocolat.

Sangoku
« Moi, j'ai fait le gâteau sans le glaçage et c'est assez bon ! »

Lou Anne Charles
« Au lieu du cacao en poudre, j'ai mis du chocolat fondu. »

POUR 3

PRÉPARATION : 30 MIN + 1 H 30 DE REPOS
CUISSON : 10 MIN

BEIGNETS AU NUTELLA®

Mon péché mignon, c'est le beignet au Nutella®. J'ai longuement travaillé sur cette recette pour obtenir le moelleux parfait. Merci à M. Cino, professeur de cuisine, pour ses précieux conseils !

LES INGRÉDIENTS

- 6 G DE LEVURE DE BOULANGER
- 5 CL DE LAIT TIÈDE
- 20 G DE SUCRE EN POUDRE + POUR SAUPOUDRER LES BEIGNETS
- 350 G DE FARINE
- 3 ŒUFS
- 75 G DE BEURRE MOU (POMMADE)
- 125 G DE NUTELLA®
- HUILE DE FRITURE
- 1 PINCÉE DE SEL

LES USTENSILES

- POCHE À DOUILLE

1. Dans un bol, délayez la levure dans le lait tiède. Dans un saladier, mélangez le sucre, le sel, la farine, puis les œufs et enfin le lait et la levure. Pétrissez 10 min à la main ou à l'aide d'un robot pâtissier. Ajoutez le beurre et pétrissez encore 5 min. Laissez reposer la pâte 1 h à température ambiante.
2. Façonnez des boules de pâte à la main et diposez-les sur une plaque de cuisson tapissée de papier sulfurisé.
3. Laissez la pâte pousser 30 min à température ambiante.
4. Chauffez un bain d'huile de friture, puis plongez-y les beignets et faites-les frire quelques minutes de chaque côté, jusqu'à ce qu'ils soient bien dorés. Récupérez-les à l'aide d'une écumoire et placez-les sur du papier absorbant pour les égoutter. Procédez en plusieurs fois.
5. Versez du Nutella® dans une poche à douille.
6. Faites un petit trou dans chaque beignet et fourrez-les de Nutella®. Saupoudrez les beignets de sucre et dégustez.

L'astuce

Respectez bien les temps de pétrissage et de repos ! Espacez bien les beignets car la pâte va gonfler.

Betul Bulut

« Si vous n'avez pas de poche à douille, vous pouvez couper le beignet quand il est cuit et mettre le Nutella®. »

Une Licorne Posey

« J'ai saupoudré de sucre glace plutôt que de sucre semoule. »

Jour 4

LES OURSONS GUIMAUVE

PRÉPARATION : 15 MIN + 3 H 10 DE REPOS
CUISSON : 1 MIN

L'ourson guimauve vous fait craquer et vous rappelle votre enfance ? Vous allez être étonné, cette recette est très simple et vraiment sympa pour faire plaisir aux gourmands !

LES INGRÉDIENTS

70 G DE GUIMAUVE (TYPE CHAMALLOW)

170 G DE CHOCOLAT AU LAIT

1 CUIL. À SOUPE D'EAU

LES USTENSILES

POCHE À DOUILLE
MOULE EN SILICONE
EN FORME D'OURSONS.

1. Faites fondre le chocolat au micro-ondes, pendant 30 sec. Une fois le chocolat fondu, appliquez-en une fine couche dans le fond des moules à l'aide d'un pinceau ou d'une cuillère. Laissez prendre au réfrigérateur pendant 10 min.

2. Pendant que le chocolat est en train de durcir, disosez les guimauves dans un bol avec 1 cuil. à soupe d'eau et faites chauffer au micro-ondes pendant 30 sec. Répartissez la mousse onctueuse obtenue dans les moules chocolatés à l'aide d'une poche à douille.

3. Recouvrez la guimauve avec le reste de chocolat fondu et laissez reposer pendant 3 h au réfrigérateur. Démoulez, c'est prêt !

ijordan_COC
« On peut aussi utiliser du chocolat noir ou du chocolat blanc. »

Mathilde L
« J'ai utilisé une poche à douille pour un résultat plus propre !! j'adore tes idées de refaire maison les produits de grande surface ! »

2

CHOCOLATE SANDWICH COOKIES

Un cœur fondant à la vanille entre deux biscuits au chocolat... Voici les Oreo® faits maison !

PRÉPARATION :
30 MIN + 30 MIN DE REPOS
CUISSON : 12 MIN

LES INGRÉDIENTS

POUR LES BISCUITS
40 G DE BEURRE
50 G DE FARINE
50 G DE CACAO AMER EN POUDRE
40 G DE CASSONADE

POUR LA GANACHE À LA VANILLE
1/2 GOUSSE DE VANILLE
40 G DE CRÈME LIQUIDE
100 G DE CHOCOLAT BLANC

1. Préparez la pâte à biscuits. Versez 25 cl d'eau dans un bol et plongez-y le beurre. Faites chauffer l'ensemble par séquences de 30 sec au four à micro-ondes à 700 W, jusqu'à ce que le beurre fonde et que le mélange soit homogène.

2. Dans un saladier, mélangez la farine, le cacao et la cassonade. Incorporez petit à petit le mélange de beurre et d'eau. Pétrissez bien. Enveloppez la pâte de film alimentaire et laissez-la reposer pendant 30 min.

3. Réalisez la ganache. Fendez la gousse de vanille dans la longueur et grattez l'intérieur pour en récupérer les graines.

4. Versez la crème dans une casserole. Ajoutez les graines et la gousse de vanille. Portez à ébullition.

5. Versez la crème chaude sur le chocolat blanc préalablement cassé en morceaux dans un saladier. Mélangez de sorte que le chocolat fonde. Ôtez la gousse de vanille, puis laissez prendre la ganache au réfrigérateur le temps de préparer le reste de la recette.

6. Préchauffez le four à 180 °C (th. 6). Étalez la pâte avec un rouleau à pâtisserie. Découpez dedans des biscuits à l'aide d'un emporte-pièce rond. Déposez-les sur une plaque de cuisson tapissée de papier sulfurisé. Enfournez pour 12 min de cuisson.

7. À la sortie du four, laissez les biscuits refroidir. Garnissez la moitié d'entre eux de ganache à la vanille, puis recouvrez des biscuits restants. Dégustez.

L'anecdote
Vous pouvez voir sur ma chaîne YouTube, un Chocolate Sandwich Cookie géant en l'honneur de mes 500 000 abonnés.

POUR 4

PRÉPARATION : 30 MIN + 1 H 30 DE REPOS

BARRE CHOCOLATÉE AUX CÉRÉALES SMACKS®

Pour tous ceux qui ont gardé une âme d'enfant, voici ma propre adaptation d'une célèbre barre chocolatée que je dévorais petit. Succès garanti !

LES INGRÉDIENTS

200 G DE CHOCOLAT AU LAIT

100 G DE CHOCOLAT BLANC

150 G DE CÉRÉALES DE BLÉ SOUFFLÉ (TYPE SMACKS®)

LES USTENSILES

MOULE EN SILICONE EN FORME DE TABLETTE DE CHOCOLAT

1. Cassez la moitié du chocolat au lait en morceaux et faites-le fondre au micro-ondes.
Versez-le dans le moule, étalez-le bien, puis laissez-le durcir 30 min au réfrigérateur.

2. Faites ensuite fondre le chocolat blanc. Versez-le dans un saladier sur les céréales. Répartissez cette préparation dans le moule, lissez-la bien et laissez à nouveau durcir au réfrigérateur au moins 30 min.

3. Enfin, faites fondre le reste du chocolat au lait. Recouvrez-en le chocolat blanc, lissez bien et placez le tout à nouveau au réfrigérateur, jusqu'à ce que l'ensemble durcisse (au moins 30 min).
Démoulez et dégustez.

Ryckelynck Junstine
On peut remplacer le chocolat blanc, par du chocolat noir et on mélange avec les céréales.

L'astuce
Du pralin à la place du riz soufflé, c'est super bon aussi !

Pour 3

PRÉPARATION :
30 MIN + 30 MIN DE REPOS

LE CHOCO-TELLEMENT BON

Mes abonnés m'ont lancé le défi de réaliser ces petits bonbons… Et voici le résultat – défi relevé !

LES INGRÉDIENTS

100 G DE CHOCOLAT AU LAIT
100 G DE CHOCOLAT BLANC
50 G DE PRALIN

LES USTENSILES

2 MOULES EN SILICONE À PLUSIEURS EMPREINTES DE FORME OVALE

1. Cassez le chocolat au lait en morceaux et faites-le fondre au four à micro-ondes. Versez le chocolat dans les empreintes d'un des moules, lissez-le et laissez-le durcir 30 min au réfrigérateur.

2. Faites également fondre le chocolat blanc, puis mélangez-le avec le pralin dans un saladier (gardez-en une petite quantité pour le montage). Versez cette préparation dans les empreintes du 2e moule. Lissez et faites durcir au moins 30 min au réfrigérateur.

3. Démoulez les chocolats. Assemblez-les deux par deux afin de former des œufs complets, en les collant à l'aide d'un peu de chocolat blanc. Laissez prendre encore 10 min au frais avant de déguster.

Mathilde L

« On peut aussi choisir l'option simplicité : faire des boules de chocolat blanc-pralin qu'on laisse refroidir, qu'on recouvre de chocolat au lait. »

L'astuce

Pour effacer la jointure entre les moitiés d'œuf, rajoutez du chocolat fondu au pinceau.

POUR 2

PRÉPARATION : 5 MIN
CUISSON : 5 MIN

POMMES D'AMOUR

Entre fête foraine et gourmandises de lover, on adore la pomme d'amour… avec un petit goût d'enfance !

LES INGRÉDIENTS

200 G DE SUCRE EN POUDRE

QUELQUES GOUTTES DE COLORANT ALIMENTAIRE ROUGE LIQUIDE

4 CL DE JUS DE CITRON

2 POMMES

LES USTENSILES

2 BAGUETTES

1. Versez le sucre dans une casserole, puis ajoutez 2 cuil. à soupe d'eau et le colorant alimentaire. Mettez à feu fort et laissez cuire jusqu'à obtention d'un caramel ambré.

2. Ôtez la casserole du feu et stoppez la cuisson du caramel en y incorporant le jus de citron.

3. Piquez les pommes non épluchées avec les baguettes chinoises, puis plongez-les dans le caramel en inclinant la casserole.

4. Une fois les pommes complètement nappées, laissez-les refroidir sur une grille avant de déguster.

Miss_Channel
Super, j'adore ! Tu fais des trucs magnifiques, ça me donne faim !

Aziz Sebastien
J'ai réussi à faire une pomme d'amour, merci beaucoup FastGood Cuisine !

MyWorldisBeautiful
OMG comment ça donne trop envie ! Merci pour la recette !!

GYM

Healthy

Fast Good Cuisine

PRÉPARATION : 10 MIN
CUISSON : 10 MIN

NUGGETS ALLÉGÉS

Enfin une version allégée des nuggets qui permet de garder la ligne et de se régaler. Profitez-en !

LES INGRÉDIENTS

- 120 G DE POUDRE D'AMANDES
- 2 CUIL. À SOUPE DE PAPRIKA EN POUDRE
- 2 CUIL. À SOUPE D'HERBES DE PROVENCE
- 300 G DE BLANCS DE POULET
- 1 ŒUF
- 1 CUIL. À SOUPE DE LAIT
- SEL, POIVRE

1. Préchauffez le four à 190 °C (th. 6-7). Mélangez la poudre d'amandes, le paprika et les herbes de Provence. Salez et poivrez.
2. Coupez le poulet en morceaux. Battez l'œuf dans une assiette creuse avec le lait.
3. Passez les morceaux de poulet dans les amandes. Secouez pour ôter l'excédent, puis plongez-les dans le mélange œuf-lait.
4. Passez-les une seconde fois dans les amandes.
5. Déposez le poulet pané dans un plat allant au four et enfournez pour 8 à 10 min de cuisson. Dégustez aussitôt.

Funny wheguyp
« Diététique et esthétique. Je valide cette recette ! »

L'astuce
N'hésitez pas à varier les épices pour plus de saveurs !

Mimolait
« Super idée de revisiter des recettes version light ! »

HEALTHY JARS

Claire

« Je n'aurais pas eu l'idée de manger la quinoa sucrée ;-) Super ! »

PRÉPARATION : 15 MIN

CHINESE JAR

LES INGRÉDIENTS

150 G DE NOUILLES DE BLÉ
2 OIGNONS
1 CAROTTE
1/2 POIVRON

POUR LA VINAIGRETTE

1 CUIL. À SOUPE DE VINAIGRE
1 CUIL. À SOUPE DE BEURRE DE CACAHUÈTES
1 PINCÉE DE PIMENT DE CAYENNE EN POUDRE
1 CUIL. À CAFÉ D'HUILE D'ARACHIDE
SEL, POIVRE

LES USTENSILES

1 BOCAL MOYEN

1. Réalisez la vinaigrette. Mélangez tous les ingrédients dans un bol à l'aide d'une fourchette, en prenant soin d'incorporer l'huile en dernier. Salez et poivrez.

2. Faites cuire les nouilles selon les indications de l'emballage.

3. Pendant ce temps, pelez les oignons et la carotte. Émincez tous les légumes très finement. Versez la vinaigrette au fond du bocal. Ajoutez le poivron, les nouilles, les oignons et la carotte.

4. Secouez bien le bocal avant de déguster.

L'astuce
Ces jars se conservent 3 à 4 jours au réfrigérateur.

PRÉPARATION : 15 MIN
CUISSON : 30 MIN

SWEET JAR

LES INGRÉDIENTS

1 PÊCHE
150 G DE QUINOA CUIT
1 CUIL. À SOUPE DE MIEL
1 YAOURT NATURE À LA GRECQUE
1 POMME
1 PETITE POIGNÉE DE FRUITS SECS

LES USTENSILES

1 BOCAL MOYEN

1. Préchauffez le four à 180 °C (th. 6). Coupez la pêche en deux. Dénoyautez-la. Posez-la dans un plat allant au four, face coupée vers le haut, puis enfournez-la pour 30 min de cuisson.

2. Dans un saladier, mélangez le quinoa avec le miel et le yaourt.

3. Pelez la pomme, épépinez-la et taillez-la en dés.

4. Sortez la pêche du four. Pelez-la, puis coupez la chair en lamelles. Mélangez tous les ingrédients dans le bocal et dégustez.

POUR 2

PRÉPARATION : 10 MIN
CUISSON : 5 MIN

GAUFRES PROTÉINÉES

Faire attention à sa ligne et manger des gaufres ? C'est possible, voici la recette que je vous ai concoctée avec amour !

LES INGRÉDIENTS

1 ŒUF

1 YAOURT NATURE

40 G DE WHEY (LACTOSÉRUM OU PETIT-LAIT)

1 PINCÉE DE CANNELLE EN POUDRE

1 PINCÉE DE SEL

LES USTENSILES

APPAREIL À GAUFRES

1. Mélangez l'ensemble des ingrédients dans un saladier à l'aide d'un fouet.
2. Chauffez un appareil à gaufres, puis versez-y la pâte et laissez cuire 4 à 5 min avant de déguster.

L'astuce
Vous pouvez remplacer la cannelle par d'autres épices !

Délires de Max
« Miam ! Voilà une utilisation originale de la Whey ! C'est cool que tu fasses aussi des recettes protéinées et saines, Charles, ça peut bien servir ! »

Van Duny (PanDaneX)
« À la place du yaourt, pour une version light on peut prendre du fromage blanc 0 %. »

POUR 1

PANCAKES FAÇON FASTGOOD

PRÉPARATION : 10 MIN
CUISSON : 5 MIN

Mmmm, la délicieuse odeur des pancakes avec cette petite touche de miel ! J'adore les cuisiner pour le petit dej'. Dorés et moelleux, ils sont complets et équilibrés.

LES INGRÉDIENTS

4 BLANCS D'ŒUFS
1 ŒUF ENTIER
100 G D'AVOINE
10 G D'AMANDES ÉMONDÉES
1 BANANE PELÉE
1 CUIL. À CAFÉ DE CANNELLE EN POUDRE
MIEL POUR LA DÉGUSTATION

1. Mixez l'ensemble des ingrédients jusqu'à obtention d'une préparation lisse.

2. Faites chauffer une poêle à feu moyen. Versez-y des petits tas de pâte et laissez cuire 1 ou 2 min. Retournez ensuite les pancakes et prolongez la cuisson de 1 ou 2 min. Faites ainsi cuire la totalité des pancakes et dégustez-les avec du miel.

L'astuce
Attention à la cuisson. Brûlé, c'est moins bon !

Shyunito
« J'ai testé la recette en remplaçant les amandes par des noisettes et j'ai rajouté une pomme. C'est vraiment excellent. Comme d'habitude, tes recettes sont vraiment bonnes ! »

POUR 1

PRÉPARATION : 15 MIN
+ 45 MIN AU RÉFRIGÉRATEUR
CUISSON : 5 MIN

ROCHERS PROTÉINÉS

Des rochers diététiques riches en protéines, rien de tel pour se rebooster avant ou après une séance de sport... ou pour un petit creux !

LES INGRÉDIENTS

- 130 G DE BEURRE DE CACAHUÈTES
- 100 G DE PRUNES DÉNOYAUTÉES
- 1 ŒUF
- 20 G DE FLOCONS D'AVOINE
- 20 G DE RAISIN
- 30 G DE NOIX DÉCORTIQUÉES
- 60 G DE WHEY (LACTOSÉRUM OU PETIT-LAIT)
- NOIX DE COCO RÂPÉE

1. Faites fondre le beurre de cacahuètes dans un bol au four à micro-ondes à 700 W.
2. Dans un blender, mixez l'ensemble des ingrédients, sauf la noix de coco, avec 5 cl d'eau.
3. Prélevez des petites quantités de préparation et façonnez-les en boules. Versez la noix de coco dans une assiette.
4. Roulez les boules dans la noix de coco. Déposez-les au fur et à mesure sur une assiette, puis laissez durcir les rochers au réfrigérateur au moins 45 min avant de les déguster.

Hugoland 2510
« Les recettes fitness, c'est pas trop mon truc, mais là c'était franchement trop trop bon !!!!! »

azu iiop (Azuiiop)
« Une bombe, comme d'hab' ! Ça a l'air si bon !! »

The Shark 2319
« Tout ce que j'aime dedans, et en plus c'est fitness ! »

Pour 1

PRÉPARATION : 5 MIN

SHAKER-TIME

Faciles à préparer et délicieux. Voici quelques bases mais n'hésitez pas à varier les plaisirs pour être au top de votre forme !

SMOOTHIE À LA PASTÈQUE

LES INGRÉDIENTS

- 1 MORCEAU DE PASTÈQUE (150-200 G)
- 10 CL DE JUS DE POMME
- 10 CL D'EAU PÉTILLANTE
- 4 CUIL. À SOUPE DE JUS DE CITRON

Ôtez la peau du morceau de pastèque et coupez-le en morceaux. À l'aide d'un blender, mixez tous les ingrédients jusqu'à obtention d'un smoothie homogène. Dégustez aussitôt.

SMOOTHIE À LA CERISE

LES INGRÉDIENTS

- 60 G D'ANANAS FRAIS
- 25 CL DE LAIT ÉCRÉMÉ
- 250 G DE CERISES DÉNOYAUTÉES
- 250 G DE YAOURT À LA VANILLE FAIBLE EN MATIÈRE GRASSE

Taillez l'ananas en morceaux.
À l'aide d'un blender, mixez tous les ingrédients jusqu'à obtention d'un smoothie homogène. Dégustez aussitôt.

SMOOTHIE BANANE ET NOIX

LES INGRÉDIENTS

- 1 GROSSE BANANE
- 50 CL DE LAIT ÉCRÉMÉ
- 1 CUIL. À SOUPE DE MIEL (15 ML)
- 1/4 DE CUIL. À CAFÉ D'EXTRAIT NATUREL DE VANILLE (1 ML)
- 1 PETITE POIGNÉE DE CERNEAUX DE NOIX (OU 7 MOITIÉS)

Pelez la banane et coupez-la en morceaux.
À l'aide d'un blender, mixez tous les ingrédients jusqu'à obtention d'un smoothie homogène. Dégustez aussitôt.

Laura MILOW

« Le premier smoothie me donne envie de le savourer dans l'immédiat ! Mais j'attends mon nouveau mixeur… En tout cas super compilation ! Bisous. »

Pipo14711

« Une autre petite idée de smoothie : framboises surgelées, fromage blanc (0 % ou pas ça dépend), du lait, du sucre (pour ma part, j'utilise de la stevia). Un petit tour au mixeur et c'est une vraie tuerie ! »

MESURES ET ÉQUIVALENCES

Mémo pour mesurer les ingrédients sans balance

INGRÉDIENTS	1 cuil. à café	1 cuil. à soupe	1 verre à moutarde
Beurre	7 g	20 g	–
Cacao en poudre	5 g	10 g	20 cl
Crème épaisse	1,5 cl	4 cl	20 cl
Crème liquide	0,7 cl	2 cl	20 cl
Farine	3 g	10 g	100 g
Liquides divers (eau, huile, vinaigre, alcool)	0,7 cl	2 cl	20 cl
Maïzena®	3 g	10 g	100 g
Poudre d'amandes	6 g	15 g	75 g
Raisins secs	8 g	30 g	110 g
Riz	7 g	20 g	150 g
Sel	5 g	15 g	–
Semoule, couscous	5 g	15 g	150 g
Sucre en poudre	5 g	15 g	150 g
Sucre glace	3 g	10 g	110 g

Pense-bête pour mesurer les liquides

1 verre à liqueur = 3 cl

1 tasse à café = 8 à 10 cl

1 verre à moutarde = 20 cl

1 mug = 30 cl

1 bol = 35 cl

Bon à savoir

1 œuf = 50 g

1 noisette de beurre = 5 g

1 noix de beurre = 15 à 20 g

Température (° C)	Thermostat
30	1
60	2
90	3
120	4
150	5
180	6
210	7
240	8
270	9

INDEX PAR INGRÉDIENTS

REMERCIEMENTS

Je voudrais remercier avant tout mes abonnés qui m'ont permis de réaliser ce projet : merci pour votre participation, vos encouragements ainsi que votre fidélité.

Merci à mes parents pour leur soutien sans faille, peu importe ce que j'entreprends.

Fast Good Cuisine